Langenscheidt

Tipps für Detektive

zusammengestellt von Barbara Müller

mit fachlicher Beratung durch das
Bayerische Landeskriminalamt

Bei den Büchern, auf die in dieser Broschüre Bezug genommen wird, handelt es sich um

Holiday Job: Detective! – Ferienjob: Detektiv! von Luisa Hartmann

Trapped – In der Falle von Herbert Friedmann und Tina Zang

Where is Mrs Parker? – Wo ist Mrs Parker? von Annette Weber

Titelillustration: Anette Kannenberg

www.langenscheidt.de

Umwelthinweis: gedruckt auf chlorfrei gebleichtem Papier

Printed in Germany

ISBN-13: 978-3-468-20429-6
ISBN-10: 3-468-20429-9

1. 2. 3. 4. 5. 6. * 11 10 09 08 07 06

Als Detektiv im Einsatz – die Grundregeln

Was kannst du als Detektiv tun?

In vielen Detektivgeschichten erleben Kinder aufregende Abenteuer. In “Holiday Job: Detective!” lassen Britta und ihre beiden Cousins in London einen Falschgeld-Ring auffliegen, Rick und Jessica in “Trapped” entlarven einen Erpresser, und Marie und Lee lüften in “Where is Mrs Parker?” das Geheimnis um eine verschwundene alte Dame – und du kennst bestimmt noch viele weitere Detektivgeschichten, in denen Kinder aufklären, was passiert ist. Dabei benutzen sie Techniken, die auch echte Detektive immer wieder einsetzen, um Verbrecher zu überführen: Sie beschatten verdächtige Personen, untersuchen Spuren, befragen Zeugen und helfen der Polizei durch die exakte Beschreibung einer verdächtigen Person.

Das alles kannst du in deinem eigenen Umfeld üben, du darfst aber nie vergessen, dass die Ermittlungsarbeit im Zusammenhang mit einem echten Verbrechen immer Sache der Polizei ist. Wenn du also etwas Verdächtiges beobachtest, *darfst du auf keinen Fall selbst eingreifen.* Du könntest leicht in Gefahr geraten und dadurch zusätzlich die Polizeiarbeit behindern. Beobachte also genau, merke dir so viele Einzelheiten wie möglich oder notiere sie in deinem Notizbuch und erzähle alles deinen Eltern oder einem anderen Erwachsenen, dem du vertraust. Gemeinsam könnt ihr dann entscheiden, ob die Polizei eingeschaltet werden soll.

Wichtigste Voraussetzungen dafür, dass du als Detektiv erfolgreich bist, sind eine gute Beobachtungsgabe und ein gutes Gedächtnis, rasche Kombinationsfähigkeit, Ausdauer und ein gewisses Maß an technischem Verständnis. Diese Fähigkeiten kannst du auch im Alltag trainieren. Stell dir vor, du hast den Verdacht, dass jemand in deinem Zimmer war. Kannst du herausfinden, ob dein Verdacht richtig ist? Oder weißt du, ob die Geldscheine in deiner Geldbörse echt sind? Kennst du Möglichkeiten, Botschaften zu verschlüsseln, damit deine Nachrichten an Freunde vor den Blicken deiner Geschwister sicher sind?

Die Grundausstattung eines Detektivs

Für deine Arbeit als Detektiv sind ein paar Hilfsmittel unerlässlich. Dein wichtigstes Utensil ist dein *Notizbuch*. Es ist gewissermaßen dein zweites Gedächtnis, denn in ihm notierst du Daten, Spuren und Zeugenaussagen, sammelst also alle Informationen zu einem Fall. Den *Stift*, den du hierfür brauchst, befestigst du am besten mit einem Band an deinem Notizbuch, damit du ihn immer griffbereit hast.
Gewissermaßen das Markenzeichen aller Detektive, seitdem es die Bücher über Sherlock Holmes gibt, ist

die *Lupe.* Auch du wirst nicht ohne auskommen, kannst du mit ihr doch alles Mögliche viel genauer untersuchen als mit bloßem Auge.

Ein *Maßband* brauchst du, um am Tatort Spuren und Fundorte genau auszumessen. Mit einer *Pinzette* kannst du am Tatort Gegenstände aufnehmen, ohne dabei Spuren zu verwischen.

Fingerabdrücke machst du mit *Fingerabdruckpulver* und einem *kleinen Haarpinsel* sichtbar. Zum Sichern benötigst du eine Rolle *transparenten Tesafilm.*

Wenn du bei der Untersuchung eines Tatorts *dünne Gummihandschuhe* trägst, kannst du selbst keine Fingerabdrücke hinterlassen.

Mit einem *Stempelkissen* kannst du Fingerabdrücke von Verdächtigen nehmen.

Außerdem brauchst du noch einen Stapel *Gefrierbeutel* in verschiedenen Größen, in denen du kleinere Beweisstücke aufbewahren kannst, sowie ein paar *große, feste Umschläge* für größere Beweisstücke.

Mit *Pauspapier* kannst du originalgroße Kopien von Schuh- und Reifenabdrücken nehmen.

Außerdem kann es nie schaden, ein *Taschenmesser*, eine *Taschenlampe*, eine *Telefonkarte* oder *Münzen zum Telefonieren* dabei zu haben.

Einen Teil deiner Ausrüstung kannst du in einer alten Spieleschachtel in deinem Zimmer unterbringen – so ist sie vor neugierigen Blicken relativ gut geschützt.

Verhalten am Tatort

Stell dir vor, deine Freunde brauchen Hilfe bei der Aufklärung eines Falls und rufen dich an einen Tatort. Jetzt ist es unumgänglich, dass du die drei wichtigsten Regeln kennst, die es für Detektive gibt.

1. *Nichts berühren!*

Am liebsten würdest du jetzt sicher sofort nachsehen, wie es am Tatort genau aussieht. Aber dabei musst du sehr vorsichtig vorgehen. Du könntest sonst Spuren zerstören. Deshalb ist es ganz wichtig, dass du die Sache gut überlegt angehst.

2. *Spuren sichern!*

Im Grunde genommen kann alles als Spuren bezeichnet werden, was der Täter am Tatort zurückgelassen hat. Nicht jede Spur ist sofort als solche zu erkennen. Deshalb ist es wichtig, am Tatort besonders vorsichtig vorzugehen. Die Profis von der Spurensicherung der Kriminalpolizei tragen spezielle Schutzanzüge und Handschuhe und oft auch Haarnetze, wenn sie den Ort eines Verbrechens Millimeter für Millimeter unter die Lupe nehmen.
In der modernen Kriminalistik spielen neben *Fingerabdrücken* auch *Haare* eine besondere Rolle. Wenn man bedenkt, dass jeder Mensch etwa alle fünfzehn Minuten ein Haar verliert, wird klar, dass an fast jedem Tatort Haare des Täters zurückbleiben, wenn

dieser nicht besondere Vorkehrungen dagegen trifft. Wie Fingerabdrücke, so sind auch Haare einem einzigen Menschen auf der ganzen Welt zuzuordnen. Wenn Fingerabdrücke oder Haare eines Verdächtigen am Tatort gefunden wurden, kann dieser nicht mehr leugnen, dort gewesen zu sein. Ob er allerdings der Täter ist, ist damit noch nicht bewiesen.
In den letzten Jahren wurde der so genannte genetische Fingerabdruck immer wichtiger. Dabei werden Haarspuren oder Spuren von Körperflüssigkeiten, die am Tatort sichergestellt wurden, in einem komplizierten Verfahren analysiert und mit Proben verdächtiger Personen verglichen.
Neben Fingerabdrücken, Haaren oder auch Textilfasern kann es weitere Spuren geben, zum Beispiel *Schuhspuren* oder *Reifenspuren. Erde oder Staub* lassen Rückschlüsse darauf zu, wo der Täter sich vor der Tat aufgehalten hat. Eine *Fahrkarte* kann Hinweise auf ihn geben, ebenso wie *Hilfsmittel*, die er bei seiner Tat verwendet hat. Steht etwa ein Stuhl vor dem Regal, das durchsucht wurde, kann das bedeuten, dass der Täter nicht sehr groß ist.

3. *Alles notieren!*

Schreibe alles auf, was dir auffällt. Auch die kleinste Nebensächlichkeit kann sich im Verlauf deiner Ermittlungen als wichtig erweisen. Versuche dich nicht nur auf deine Augen zu verlassen, sondern beziehe auch deine anderen Sinne mit ein. Riecht es vielleicht anders als sonst? Das könnte darauf hinweisen, dass der Täter ein Rasierwasser oder ein Parfüm benutzt. Ist die Temperatur höher oder niedriger? Je nach Jahreszeit könnte dies bedeuten, dass das Fenster bereits seit längerem offen steht, und somit einen Hinweis auf die Tatzeit liefern.

Damit du bei der Fülle von Informationen, die du in deinem Notizbuch sammelst, später nicht den Überblick verlierst, solltest du versuchen alles, was du erfährst, einem der folgenden sieben Bereiche zuzuordnen, den sieben goldenen "W" eines Detektiven:

1. Was ist geschehen? Was hat der Täter getan?
2. Wo ist es geschehen?
3. Wann, zu welcher Zeit, an welchem Tag wurde die Tat begangen?
4. Wer wurde geschädigt? Wer hat etwas beobachtet? Wer hat es getan?
5. Wie ist der Täter bei seiner Tat vorgegangen? Hat ihm jemand dabei geholfen?
6. Womit wurde die Tat begangen? Welche Werkzeuge oder Methoden hat der Täter angewendet?
7. Warum wurde die Tat begangen?

"Einbruch" in deinem Zimmer?

Stell dir vor, du kommst vom Sport oder von einem Treffen mit Freunden nach Hause. Du öffnest die Tür zu deinem Zimmer und findest ein heilloses Durcheinander vor. Bücher und andere Dinge sind aus deinem Regal geworfen, Kopfkissen und Bettdecke liegen auf dem Boden und auf dem Schreibtisch ist alles durcheinander – es ist offensichtlich: Jemand war in deinem Zimmer! Aber wer? Die Ermittlungen gehen los, und zwar zuerst mit der Spurensicherung.

Spuren suchen

Jeder Täter hinterlässt Spuren. Damit du sie findest, musst du dir den Tatort genau ansehen. Am besten stellst du dir vor, wie der Täter vorgegangen sein könnte und was sich möglicherweise abgespielt hat.
Also: Wie konnte der Täter an den Tatort gelangen? Musste er zum Beispiel Hindernisse überwinden? War die Tür abgesperrt? Wurde ein Fenster aufgebrochen? Wo hat sich der Täter am Tatort aufgehalten und wie hat er sich bewegt? Wie hat er den Tatort verlassen? Wo kann er Spuren hinterlassen haben?
Bei der Spurensuche solltest du mit dem Fußboden beginnen. Bei deinen weiteren Ermittlungen könnte es nämlich leicht passieren, dass Spuren, die sich hier befinden, verwischt oder sogar ganz zerstört werden.

Dann suchst du den Raum nach Fingerabdrücken ab. Mach es dir zur Angewohnheit, bei deiner Suche immer im Uhrzeigersinn vorzugehen. Wenn du einen Raum betrittst, wende dich also erst einmal nach links und beginne dort an der Wand.

Frage dich auch, was der Täter angefasst haben könnte. Vielleicht kannst du schon mit dem bloßen Auge Fingerabdrücke erkennen. Schau etwas schräg über die Oberfläche eines Gegenstandes, auf dem du einen Fingerabdruck vermutest. Wenn du dort einen Fettfleck erkennst, hattest du Recht. Schreib dir auf, wo du später Spuren sichern willst.

Es versteht sich eigentlich von selbst, dass du bei der Durchsuchung eines Raumes deine Tatorthandschuhe trägst. Mit deiner Pinzette kannst du kleine Gegenstände aufheben, ohne deine Fingerspitzen zu benutzen. Schubladen lassen sich mithilfe eines Stiftes öffnen.

In einem zweiten Durchgang wird nach allen anderen möglichen Spuren gesucht. Auch hierbei ist es wichtig, nach einem bestimmten System vorzugehen. Sinnvoll ist es, von oben nach unten zu suchen, also in einem Regal immer zuerst die oberen Fächer und dann die unteren. Lass dir Zeit! Es ist viel schlimmer, einen Hinweis zu übersehen, als für die Durchsuchung eines Tatortes etwas länger zu brauchen.

Dein Beweismaterial muss verpackt werden – alles, was du findest, kommt einzeln in ein kleines Plastiktütchen und wird genau beschriftet. Wo und wann hast du es entdeckt? Aber nicht alle Spuren lassen sich so einfach verpacken und mitnehmen. Einige kannst du vielleicht fotografieren, andere müssen überhaupt erst präpariert werden. Dies ist zum Beispiel bei Fingerabdrücken der Fall.

Fingerabdrücke sichern

Hast du dir schon einmal deine Fingerkuppen genau angesehen? Nimm deine Lupe zur Hand und betrachte das feine Rillenmuster auf deinen Fingerspitzen. Dieses Muster ist einzigartig. Es gibt keinen zweiten Menschen auf dieser Welt, der dasselbe Muster hat wie du. Und was mindestens genauso toll ist: Dieses Muster, das du schon als neugeborenes Baby hattest, hast du auch noch als alter Mensch. Es verändert sich nicht, wenn du älter wirst. Solange du wächst, wächst es auch, d. h. es wird grober, aber im Prinzip bleibt es gleich. Sogar wenn du dir einmal die Fingerkuppen verbrennen solltest, wächst die Haut mit demselben Muster wieder nach.

Da unsere Finger immer feucht sind, hinterlassen wir auf allem, was wir anfassen, einen Abdruck dieses Rillenmusters. Besonders gut sichtbar sind diese Abdrücke auf glatten Oberflächen wie etwa Fensterscheiben oder lackierten Möbeln zu sehen.

Einen Fingerabdruck zu sichern ist eine der schwierigsten Aufgaben, die du dir als Detektiv vornehmen kannst. Hier hilft nur: üben, üben, üben! Dafür kannst du gezielt deinen Fingerabdruck hinterlassen, zum Beispiel auf einem Glastisch. Hauche deinen Finger etwas an und drücke ihn dann vorsichtig auf den Tisch. So erhältst du einen deutlichen Abdruck, an dem du üben kannst. Wenn es dann immer noch nicht ganz klappen sollte, darfst du nicht verzweifeln: Selbst die Kriminalpolizei überlässt das Sichern von Fingerabdrücken ihren geschulten Spezialisten vom Erkennungsdienst, einer Abteilung der Spurensicherung.

Damit du einen Fingerabdruck sichern kannst, musst du ihn zunächst einmal sichtbar machen. Hierfür streust du Fingerabdruckpulver, das in vielen Detektiv-Sets im Spielwarenhandel erhältlich ist, auf die vermutete Stelle. Wenn du Fingerabdrücke auf dunklen Untergründen sichtbar machen willst, musst du vorher etwas Tafelkreide reiben und unter das schwarze Pulver mischen. Dann verteilst du das Pulver mit einem feinen Haarpinsel. Überschüssiges Pulver vorsichtig wegpusten. Wenn dort wie vermutet ein Fingerabdruck ist, wird er jetzt langsam sichtbar. Betrachte den Abdruck ausführlich mit der Lupe und schreibe dir auf, wo du ihn gefunden hast und wie er aussieht. Dann kannst du vorsichtig einen Streifen breiten transparenten Tesafilm über den Fingerabdruck kleben, ihn mit dem Fingernagel gleichmäßig andrücken und ganz langsam wieder abziehen und in dein Notizbuch kleben. Es ist wichtig, dass du so gleichmäßig wie möglich ziehst, da sonst das Pulver von der Klebeseite des Tesafilms abfällt. Fingerabdrücke, die du mit hellem Pulver sichtbar gemacht hast, klebst du am besten auf ein dunkles Blatt Papier in dein Notizbuch.

Fingerabdrücke vergleichen

Der schönste Fingerabdruck vom Tatort nützt dir jedoch nichts, wenn du keinen Abdruck hast, mit dem du ihn vergleichen kannst. Hierfür solltest du dir eine *Fingerabdruckkartei* anlegen. Du brauchst dafür Karteikarten, ein Stempelkissen, einen Stift, ein Lineal – und ein paar "Verdächtige", die sich von dir ihre Fingerabdrücke abnehmen lassen.

Male zehn Kästchen auf die Karten. Rolle dann jeden Finger erst von links nach rechts über das Stempelkissen und anschließend ebenfalls von links nach rechts auf die Karte. Mit ein bisschen Übung erhältst du auf diese Weise den vollständigen Abdruck. Beschriften nicht vergessen! Von wem sind die Abdrücke? Welcher Finger ist in welchem Kästchen?

Am besten ist es, wenn du auch von dir selbst eine Karte anlegst, damit du später ausschließen kannst, dass du deine eigenen Abdrücke versehentlich für die eines Verdächtigen hältst.

Sobald du die Fingerabdrücke von ein paar Leuten abgenommen hast, wirst du feststellen, dass es Ähn-

lichkeiten im Muster gibt. Tatsächlich fallen alle Fingerabdrücke in eine von nur vier Kategorien.
Am weitesten verbreitet ist die *Schleifenform*. Hier erinnern die Linien an in der Mitte gebogene Haarnadeln. Die Spitze der Schleife zeigt immer zur Fingerkuppe, und das offene Ende läuft zur Seite hin aus.
Bei der *Bogenform* verlaufen die Linien in der Mitte des Fingers wie Brückenbögen.
Wenn eine oder mehrere Linien in der Mitte des Fingers ein Oval oder eine Spirale bilden, dann handelt es sich um die *Wirbelform*.
Entsprechen die Linien keiner der drei genannten Formen, dann handelt es sich um eine *Mischform*. Diese tritt verhältnismäßig selten auf.
Wenn du zwei Fingerabdrücke miteinander vergleichen willst, solltest du sie zunächst einer dieser Gruppen zuordnen. Zähle dann die Rillen zwischen der zentralen Form und dem Auslaufen am Rand. Untersuche den Fingerabdruck nach Narben oder anderen Auffälligkeiten. Schreibe deine Untersuchungsergebnisse genau auf!
Nicht viel anders gehen die Profis beim Vergleichen von Fingerabdrücken vor. Allerdings werden sie dabei von einem Computersystem unterstützt, das auf eine riesige Datenbank zurückgreift. In der zentralen Fingerabdrucksammlung des Bundeskriminalamtes (BKA) in Wiesbaden sind derzeit die Fingerabdruckblätter von 3,16 Millionen Personen gespeichert.

Mithilfe des *Automatisierten Fingerabdruck-Identifizierungssystems (AFIS)* können innerhalb kürzester Zeit Abdrücke gefunden werden, die ähnliche Besonderheiten aufweisen. Doch die letzte Entscheidung, ob ein Abdruck auf dem Bildschirm mit dem am Tatort sichergestellten, eventuell verwischten Teilabdruck identisch ist, treffen die Experten des Landeskriminalamtes und nicht der Computer.

Schuhspuren deuten

Als Lee in "Where is Mrs Parker?" zu Mrs Parkers Cottage zurückkommt, um das Haus mit Marie zu beobachten, ist Marie verschwunden. Lee findet nur die Abdrücke ihrer Schuhe wieder – und dazu noch eine Reihe anderer Schuhspuren.
Lee vermutet sofort, dass es sich bei den Spuren um die von Männerschuhen handelt. In seiner Situation reicht das aus, um den Täterkreis einzuengen. Wenn du jedoch keine Ahnung hast, wer der mögliche Täter ist, dann musst du bei der Untersuchung von Schuhspuren genauer vorgehen. Du musst Länge, Breite und Tiefe der Spur ausmessen und notieren. Form und Profil sind ebenfalls sehr wichtig. Mache dir auf jeden Fall eine Skizze und vergleiche später diese mit den Schuhen der Verdächtigen.

Wenn man *Schuhspuren* richtig zu lesen weiß, verraten sie viel über den Täter und den Tathergang.

Um sich zu tarnen, mag der Täter vielleicht größere Schuhe getragen haben, nie aber zu kleine, weil er darin nicht laufen kann. Auch werden die Schuhe nicht viel zu groß sein, denn dann würde er dauernd stolpern. Deshalb lässt sich an den Abdrücken die *Schuhgröße* eines Menschen ersehen. Der Abdruck lässt auch Schlüsse auf die *Art des Schuhs* zu: Gummistiefel, Sandalen, Turnschuhe, Wanderschuhe – sie alle hinterlassen sehr typische Abdrücke. Am Profil kann man auch oft die *Marke* erkennen. Die Spuren deuten auch auf die ungefähre *Größe* des Täters hin: Kinder tragen kleine Schuhe, Jugendliche und kleinere Erwachsene haben meist kleinere Füße als große Erwachsene, Frauen im Allgemeinen kleinere Füße als Männer. Auch das ungefähre *Gewicht* des Täters lässt sich ablesen. Tiefe Abdrücke deuten auf ein höheres Gewicht hin, können aber auch bedeuten, dass der Täter etwas Schweres getragen hat. Dann hat er aber auch kurze Schritte gemacht und die Fußspitzen zeigen nach vorne.

Ist der Täter *langsam gegangen*, sind ganze Abdrücke in kurzen Abständen zu sehen. Die Schritte sind kurz, der ganze Fuß setzt auf, die Fußspitzen zeigen etwas nach außen. Ist er *gerannt*, sind nur die Fußspitzen sichtbar und die Abdrücke liegen weit auseinander, bei einem großen Täter bis zu zwei Meter. Bei der *Landung nach einem Sprung* werden nur die Absätze tief eingedrückt.

Auch lassen sich *Auffälligkeiten im Gang* des Täters erkennen. Hinken, am Stock gehen, Fußstellung nach innen oder außen (was auf X- oder O-Beine hindeutet) – all das schlägt sich in einem Abdruck nieder.

Wie weit bist du mit deinem Fall? Du hast dein Zimmer gründlich abgesucht und dabei einen kleinen Pfotenabdruck auf der Fensterbank, eine bunte Vogelfeder inmitten der vom Schreibtisch gefegten Unterlagen und ein paar rote Wollfussel an einem Riss in der Unterseite des mittleren Regalbrettes sichergestellt. Von deinen Sachen fehlt zum Glück nichts. Entweder hat der Täter also nichts gesucht, oder das, wonach er suchte, nicht gefunden. Sehr merkwürdig - das hilft dir noch nicht wirklich, den Fall aufzuklären. Vielleicht hat ja deine Mutter etwas gehört oder gesehen, was dir weiterhilft. Du gehst in den Garten, um mit ihr zu sprechen.

Zeugenbefragung

Die erste Frage einer jeden Zeugenbefragung sollte danach gehen, ob jemand eine verdächtige Person beobachtet hat. Dann lass dir eine Beschreibung geben. Die wichtigsten Stichpunkte hierbei sind:
War die Person *männlich oder weiblich*? *Wie alt* war die Person? *Wie groß* war sie? Was hatte sie für eine *Figur*? War sie dick, dünn, schlank, rundlich, untersetzt,

zierlich, muskulös? Lass dir Vergleiche nennen, denn verschiedene Menschen haben unterschiedliche Auffassungen darüber, was z. B. "alt" ist. "*So alt wie Oma Anna?*" – "*Nein, nein, eher so alt wie Onkel Thomas.*" Was war mit den *Haaren* (Farbe, viel oder wenig, lang oder kurz, wellig, kraus, glatt oder gelockt) und der *Frisur* (mit oder ohne Scheitel, Scheitel rechts oder links, Geheimratsecken, Stirnglatze)? Trug der Verdächtige einen *Bart*? Welcher Art? War das *Gesicht* eher rund, schmal, oval, kantig oder eiförmig, war es blass oder braun gebrannt, sommersprossig, pickelig oder mit reiner Haut? Welche Farbe hatten die *Augen*? Waren sie groß, klein, mandelförmig, eng zusammenstehend oder weit auseinander? Trug der Verdächtige eine Brille oder schielte er? Waren die *Augenbrauen* schmal oder buschig, zusammengewachsen oder getrennt, bogenförmig oder gerade? Hatte er eine schmale, lange, kurze, flache, spitze, breite, knollige *Nase*? War der *Mund* breit oder klein, die *Lippen* schmal, voll oder wulstig? War das *Kinn* flach, spitz, kantig, rund, gespalten oder gar ein Doppelkinn? Neben dem Gesicht zeigen auch die *Hände* viele Besonderheiten. Waren sie kräftig oder zart? Behaart? Trug der Verdächtige Ringe? Wie sahen die Fingernägel aus? Gepflegt, abgebissen, rissig? Welche *Kleidung* trug der Verdächtige? Art, Farbe, Material, gepflegte oder eher ungepflegte Erscheinung? Und zuletzt: Gibt es irgendwelche besonderen Kennzeichen? Das kann alles sein, was auffällt: Tätowierung, Piercings, Narbe, Gehfehler, lange Arme, Buckel, fehlende Gliedmaßen oder Ähnliches.

Nur wenige Menschen beobachten so genau, dass sie diese Details wiedergeben können. Auch deine Mutter kann recht wenig zur Lösung deines Falls beitragen. Sie erzählt dir, sie habe den ganzen Nachmittag im Garten gearbeitet und nichts Verdächtiges bemerkt. Du solltest doch mal zu deinem Bruder gehen, der hätte Besuch von seinem besten Freund. Vielleicht könnten die beiden dir ja weiterhelfen.
Also machst du dich auf zum Zimmer deines Bruders. Und schon als du die Zimmertür öffnest, ist dir eigentlich alles klar. Dein kleiner Bruder und sein Freund, der einen roten Strickpullover trägt, ärgern gerade den Kater. Die beiden Knirpse sehen dich schuldbewusst an, als du dich vor sie stellst und streng ansiehst. Und schon sprudelt das Geständnis: Sie waren in deinem Zimmer, weil sie sich dein Fernglas ausleihen wollten. Dann war der Kater mit einem noch lebenden Vögelchen im Maul durchs offene Fenster gesprungen. Sie hätten versucht dem Kater den Vogel abzujagen, und dabei sei das ganze Tohuwabohu in deinem Zimmer entstanden.

Falschgeld erkennen

In “Holiday Job: Detective!” stoßen Britta und ihre Cousins Chris und Tommy durch Zufall auf eine Bande, die Falschgeld herstellt. Vielleicht hast du dich beim Lesen gefragt, was Falschgeld eigentlich ist oder warum nicht jeder einfach sein Geld selbst herstellen darf?

Im Gegensatz zu Spielgeld, wie du es etwa vom Monopoly-Spiel kennst und das eindeutig als solches zu erkennen ist, soll Falschgeld den Eindruck erwecken, echt zu sein und als Zahlungsmittel, z. B. in einem Supermarkt oder einer Gaststätte, eingesetzt werden. Der aufgedruckte Wert der Geldscheine ist um vieles höher als es kostet, sie herzustellen.

Innerhalb der Europäischen Union bestimmt die Europäische Zentralbank (EZB), wie viel Geld jeweils im Umlauf sein darf. Sie entscheidet, wann mehr Geld gedruckt werden muss und wann welches aus dem allgemeinen Umlauf genommen wird. Wenn zu viel Geld unterwegs ist, besteht die Gefahr, dass Waren immer teurer werden und die Leute immer mehr Geld brauchen, um diese Waren bezahlen zu können. Das nennt man dann Inflation.

Die EZB entscheidet nicht nur, wie viel Geld gedruckt wird, sondern auch, wer das Geld drucken darf. In einem aufwändigen Verfahren wurden verschiedene Sicherheitsmerkmale entwickelt, anhand derer du einen echten von einem falschen Geldschein, einer so genannten “Blüte”, unterscheiden kannst. Nur die Druckereien, die von der EZB beauftragt sind, das echte Geld herzustellen, wissen, wie diese Sicherheitsmerkmale auf den Schein gebracht werden.

Woran erkennst du nun einen echten Schein? Erstens durch *Fühlen.* Ein echter Euroschein besteht aus Baumwolle und fühlt sich deshalb griffig und fest an, nicht lappig oder glatt. Vielleicht hast du ja aus dem Urlaub noch Geldscheine anderer Währungen zu Hause oder deine Eltern haben D-Mark-Scheine aufgehoben, mit denen in Deutschland vor der Einführung des Euro bezahlt wurde. Nimm dann ruhig einmal in jede Hand einen Schein einer anderen Währung und versuche den Unterschied zu fühlen. Auch hier macht Übung den Meister! Allerdings verändert sich auch die Oberfläche des Euroscheins, wenn er ein paar Mal versehentlich in der Waschmaschine mitgewaschen wurde. Außerdem kannst du auch das so genannte “Relief” ertasten: Das Hauptmotiv des Scheins, die Schriftzüge der EZB (BDE, ECB, EZB, EKT, EKP) sowie die Wertzahlen auf der Vorderseite des Scheins stehen etwas hervor. Du kannst es deutlich fühlen, wenn du den Schein glatt auf den Tisch legst und dann ganz sanft mit der Fingerspitze darüber fährst.

Auch durch *Ansehen im Gegenlicht* kannst du die Echtheit eines Scheins überprüfen. Bei einem echten Wasserzeichen werden die hellen Stellen dunkler, wenn es auf einer dunklen Fläche liegt. Außerdem kannst du im Gegenlicht den Sicherheitsfaden erkennen, der mit dem Schriftzug Euro und der Wertzahl des Scheins bedruckt ist. Auch vervollständigen sich die unvollständigen Formen oben neben der Europaflagge zur Wertzahl. (Die Wertzahl ist übrigens der Wert des Scheins, dargestellt als Zahl; bei einem 10-Euroschein also die 10, bei einem 20-Euroschein die 20 usw.)

Die dritte Möglichkeit, einen echten Schein zu erkennen, besteht durch *Kippen*. Kippt man einen 50-, 100-, 200- oder 500-Euroschein, dann wechselt die Wertzahl auf der Rückseite die Farbe: von Purpurrot zu Olivgrün oder Braun. Außerdem ändert das Hologramm beim Kippen das Motiv. Bei kleineren Euroscheinen erscheinen im Hologrammstreifen am Rand abwechselnd Wertzahl und Euro-Symbol.

Die meisten Fälscher begnügen sich übrigens damit, ein paar dieser Sicherheitsmerkmale fälschen zu wollen. Deshalb lohnt es sich, immer alle zu überprüfen, wenn du den Verdacht hast, dein Geldschein könnte nicht echt sein. Am beliebtesten bei den Fälschern ist übrigens der 50-Euroschein. Ungefähr jede zweite falsche Banknote ist ein Fünfziger. Danach kommt in der Beliebtheitsskala der Fälscher der

100-Euroschein, der etwa ein Drittel der “Blüten” stellt.

Ein solcher Fall, wie Britta und Chris ihn zu lösen helfen, ist übrigens sehr ungewöhnlich. Die meisten “Blüten”, die von der Kriminalpolizei entdeckt werden, sind Einzelfundstücke oder kleinere Mengen. Nur selten gelingt ein so spektakulärer Fang wie im Jahr 2005, als das Bayerische Landeskriminalamt im Laufe eines Ermittlungsverfahrens insgesamt fast 1,3 Millionen falsche US-Dollar aus dem Verkehr zog.

Nachrichten verschlüsseln

Wenn du mit Freunden zusammen einen Fall bearbeitest, kann es nötig sein, dass ihr euch Botschaften zukommen lasst, die für andere nicht lesbar sind. Dafür könnt ihr entweder *Geheimtinten* verwenden oder eure Nachrichten nach einem vorher vereinbarten *Code verschlüsseln.*

Geheimtinten lassen sich ganz leicht aus Zitronen-, Orangen-, Apfel-, Zwiebelsaft oder Milch herstellen. Wenn du nichts von all dem hast, kannst du sogar deinen eigenen Urin nehmen.
Tauche einen Zahnstocher oder einen sehr feinen Pinsel in die Flüssigkeit und schreibe deine Nachricht auf ganz normales weißes Papier. Wenn die Tinte trocken ist, ist sie für niemanden mehr sichtbar. Um sie lesen zu können, muss der Empfänger deine Botschaft vorsichtig über eine Wärmequelle halten. Das kann eine heiße Glühlampe sein oder ein Toaster. Vorsicht! Nicht das Papier in den Toaster stecken, dann verbrennt es! Wie von Zauberhand wird die Schrift braun und lesbar.
Als unsichtbare Schrift eignen sich auch *Wasserzeichen.* Dazu brauchst du zwei Blatt Papier, eine feste Unterlage, einen harten Bleistift und Wasser.
Das eine Blatt Papier wird in Wasser getaucht und dann auf die feste Unterlage gelegt. Das trockene

Blatt Papier kommt obendrauf. Mit dem Bleistift kannst du nun die geheime Botschaft auf das trockene Papier schreiben. Die durchgedrückte Schrift auf dem nassen Papier verschwindet, sobald das Papier trocken ist. Die Botschaft kann wieder sichtbar gemacht werden, indem man das Papier wieder ins Wasser taucht und gegen das Licht hält, denn die zusammengepressten Fasern lassen kein Licht mehr durch.

Prägungen sind Wasserzeichen sehr ähnlich, nur nicht nass! Für die Prägung benötigst du einen Schreibblock und einen Bleistift. Die Nachricht wird auf einen Block geschrieben. Es ist ganz wichtig, dass man sehr fest aufdrückt, damit auf der Seite darunter der Stift einen Abdruck (eine Prägung) hinterlässt. Die Schrift ist auf der nächsten Seite schwach erkennbar. Wenn der Empfänger die Nachricht sichtbar machen möchte, muss er nur mit einem flach gehaltenen Bleistift leicht über das Papier schraffieren und der weiße Text wird sichtbar.

Sehr einfach herzustellen ist die *Lochschrift.* Hierfür brauchst du nur eine Zeitschrift und eine Stecknadel. Mit der Nadel stichst du ein kleines Loch in die benötigten Buchstaben. Wichtig ist, dass du dabei die Leserichtung beachtest. Zusammen ergeben die Buchstaben die geheime Nachricht. Wer die Zeitschrift genau unter die Lupe nimmt, kann die Nachricht lesen.

Wenn du keine Geheimtinte verwenden möchtest, kannst du dir auch eine *Geheimsprache* ausdenken, die nur Schreiber und Empfänger kennen. Das geht so:
Der Schreiber denkt sich eine Nachricht im Klartext aus und schreibt sie in einer Geheimsprache auf. Diesen Vorgang nennt man auch "eine Nachricht verschlüsseln" oder "chiffrieren". Der Empfänger erhält nun diesen Geheimtext und wendet einen vorher vereinbarten Schlüssel an.
Der Schlüssel ist zum Beispiel:

Klar	A	B	C	D	E	F	G	H	I	J	K	L	M	N	O	P	Q	R	S	T	U	V	W	X	Y	Z
Geheim	1	2	3	4	5	6	7	8	9	10	11	12	13	14	15	16	17	18	19	20	21	22	23	24	25	26

Wenn also der Schreiber sich den Klartext TREFFEN UM DREI AN DER EISDIELE ausgedacht hat, schreibt er: 20/18/5/6/6/5/14 21/13 4/18/5/9 1/14 4/5/18 5/9/19/4/9/5/12/5.
Der Empfänger kennt den Schlüssel und kann die Nachricht dechiffrieren (das heißt "entschlüsseln"). Der Witz liegt nun darin, die Zahlen etwas durcheinander zu bringen, sodass nur jemand deine Nachricht lesen kann, der auch die Reihenfolge der Zahlen (also den Schlüssel) kennt.
Statt Zahlen kann man auch andere Buchstaben nehmen. So sind zwei der ältesten bekannten Verschlüsselungstechniken entstanden.

Beim *Atbash* werden die Buchstaben einfach rückwärts aus dem Alphabet aufgezählt:

Klar	A	B	C	D	E	F	G	H	I	J	K	L	M	N	O	P	Q	R	S	T	U	V	W	X	Y	Z
Geheim	Z	Y	X	W	V	U	T	S	R	Q	P	O	N	M	L	K	J	I	H	G	F	E	D	C	B	A

Eine ganz ähnliche Verschlüsselungstechnik wurde von dem römischen Feldherrn und späteren Kaiser Julius Caesar erfunden. Bei der so genannten *Caesar-Verschlüsselung* wird jeder Buchstabe im Klartext durch denjenigen Buchstaben ersetzt, der drei Stellen weiter hinten im Alphabet liegt. Der Schlüssel dazu sieht so aus:

Klar	A	B	C	D	E	F	G	H	I	J	K	L	M	N	O	P	Q	R	S	T	U	V	W	X	Y	Z
Geheim	D	E	F	G	H	I	J	K	L	M	N	O	P	Q	R	S	T	U	V	W	X	Y	Z	A	B	C

Man kann das Geheimalphabet auch mit einem K oder jedem anderen beliebigen Buchstaben beginnen lassen. Damit man nicht für jede Art dieser Verschiebung eine neue Schlüsseltabelle zeichnen muss, kann man sich auch ganz leicht eine so genannte *Caesarscheibe* basteln.

Hierfür brauchst du ein Stück leichte Pappe, eine Schere, eine Heftklammer, ein Lineal, ein Geodreieck und einen Stift.

Auf die Pappe zeichnest du zwei unterschiedlich große Kreise (ungefähr drei Zentimeter unterschiedlich im Radius). Die Kreise unterteilst du mit dem Lineal in zwei Hälften. Der Strich muss dabei durch den Mittelpunkt gehen! Diese Halbkreise sollen nun in jeweils dreizehn gleich große Teile unterteilt werden. Dazu verwendest du am besten das Geodreieck. Du legst es mit der langen Seite genau an der Mittellinie an und machst alle 14 Grad einen kleinen Strich. Diese Striche verbindest du dann mit dem jeweils gegenüber liegenden. So erhältst du zwei Kreise mit einem Stern in der Mitte. Jetzt schneidest du die Kreise aus, und schreibst das Alphabet auf den großen und den kleinen Kreis, jeweils einen Buchstaben in ein Feld. Um den Code etwas sicherer zu machen, sollten die Buchstaben nicht in der Reihenfolge erscheinen, wie sie im Alphabet vorkommen. Am Ende steckst du die beiden Kreise in der Mitte mit der Heftklammer zusammen. Fertig ist deine *Caesarscheibe.*

Wichtig ist, dass der Empfänger deiner Nachricht genau die gleiche Caesarscheibe mit den Buchstaben an genau denselben Stellen hat. Jetzt braucht ihr nur noch einen Schlüssel zu vereinbaren, z. B. “A ist F”, ihr dreht die Scheiben so, dass das F auf der kleinen Scheibe unter dem A auf der großen liegt, und schon könnt ihr eure Nachrichten ohne Probleme ver- und entschlüsseln.

Verschlüsselungen nach dieser Methode sind sehr einfach, aber leider ist der Code mit ein bisschen

Übung auch recht leicht zu knacken. Das liegt daran, dass in jeder Sprache bestimmte Buchstaben häufiger vorkommen als andere. Im Deutschen treten das E und das N am häufigsten auf, das Q dagegen fast gar nicht. Fast jeder sechste Buchstabe in einem beliebigen Text ist ein E, jeder zehnte ein N, aber nur jeder fünftausendste ein Q. Deshalb ist es sehr wahrscheinlich, dass die beiden Buchstaben, die in einem verschlüsselten Text am häufigsten vorkommen, für das E und das N stehen. Davon ausgehend kannst du mit etwas Übung und mithilfe eines Wörterbuches die meisten Codes entschlüsseln.

Etwas sicherer ist zum Beispiel die *Zeilen-Spalten-Schrift*. Hierfür denkst du dir ein geheimes Wort mit fünf Buchstaben aus, in dem jeder Buchstabe nur einmal vorkommt. Dieses ist dein Code. Im Beispiel wird als Code das Wort "HILFE" verwendet.
Zeichne ein 6 × 6 Raster und trage in der obersten Zeile und in der linken Spalte dein Codewort ein.

	H	I	L	F	E
H					
I					
L					
F					
E					

Dann trage die Buchstaben des Alphabets ein. Zwischen I und J wird nicht unterschieden.

	H	I	L	F	E
H	A	B	C	D	E
I	F	G	H	I/J	K
L	L	M	N	O	P
F	Q	R	S	T	U
E	V	W	X	Y	Z

Der Buchstabe B steht in der Zeile H und in der Spalte I und wird durch HI ersetzt. Der Buchstabe T steht in der Zeile F und in der Spalte F und wird durch FF ersetzt.

Das Wort EISDIELE

E	I	S	D	I	E	L	E
HE	**IF**	**FL**	**HF**	**IF**	**HE**	**LH**	**HE**

heißt in deiner Geheimsprache HEIFFLHFIF-HELHHE.

Die *Verschlüsselung mithilfe eines Buches* ist sehr sicher, wenn auch etwas umständlich, weil hier beide, der Schreiber und der Empfänger einer Nachricht, das gleiche Buch in derselben Ausgabe besitzen müssen. Es wird eine bestimmt Buchseite als Schlüssel vereinbart.

chungskameras hoch. "Zoom to the freezer over there. Do you see the mice? Yes, they're frozen." Er wiederholte seinen dämlichen Witz.
Die Verkäuferin rollte mit den Augen und lenkte schnell ein paar Kunden ab, die sich der Kühltruhe

näherten. Niemand dachte daran, die Mäuse endlich zu entfernen. Es war einfach entwürdigend, sie so mausetot auf dem Blattspinat liegen zu lassen.
"I think we should take them to Perry", sagte ich zu Jessica und nahm eine der Isoliertragetaschen, die über der Kühltheke hingen. Aus Versehen erwischte ich zwei Taschen. Eine davon fiel mir runter. Als ich mich bückte, um sie aufzuheben, bemerkte ich, wie eine Frau am Frischkostregal am Ende des Ganges

Die Nachricht, die du verschlüsseln möchtest, lautet:
KOMME MORGEN SPÄTER.
Die Verschlüsselung geht so: Der erste zu verschlüsselnde Buchstabe ist ein K. Auf der Buchseite ist in der fünften Zeile der achte Buchstabe ein K. Der erste Geheimbuchstabe ist also 5/8.
Der zweite Buchstabe ist das O, das in der zweiten Zeile an siebter Stelle vorkommt. Der zweite Geheimbuchstabe ist somit 2/7.
Am Ende erhältst du als Geheimtext:

1/7 2/7 1/9 1/9 14/1
6/12 2/7 4/6 1/5 2/3 6/1
8/4 5/11 4/8 7/5 2/3 4/6

Diese Methode ist besonders sicher, denn es gibt sehr viele Möglichkeiten, den Geheimtext zusammenzustellen. Außerdem kann ein Fremder diesen Code nur knacken, wenn ihm die Buchseite zur Verfügung steht.